U0903680

Spiritual Culture
青心文化

在阅读中疗愈 · 在疗愈中成长

READING&HEALING&GROWING

扫码关注公众号，后台回复《非暴力沟通教程·中级》，
即可获得专业音频讲解，实现高效精读！

非暴力沟通教程

[中级]

인간관계와 의사소통을 위한 비폭력대화 NVC

[韩] 凯瑟琳·辛格 | 著
崔圣花 | 译　刘铁 | 审订

Nonviolent Communication
A Language of Life

中国青年出版社

NVC 是 Nonviolent Communication 的缩写，是表示非暴力沟通的全世界共同的符号。

---

* 本书是为已读完马歇尔·卢森堡编写的《非暴力沟通》，并已经学完凯瑟琳·辛格编写的《非暴力沟通教程》（初级本）的朋友而准备的。

Nonviolent Communication
A Language of Life

目录

简 介

实 践

附 录

长颈鹿、豺狗寓意说明

长颈鹿是陆生动物中心脏最大的动物。同时，它具有个子高、视野广的特点。由于非暴力沟通注重心与心的连接，因此以长颈鹿作为其象征。虽然长颈鹿是生性温顺的食草动物，但在受到攻击或需要保护小长颈鹿时，会用强有力的蹄子保护自己。

长颈鹿吃刺槐，它用唾液融化刺并咀嚼吞咽。我们用长颈鹿的方式倾听意味着当别人说些尖酸刻薄的言语时，我们以同理心倾听带刺的言语背后的心意。

关于长颈鹿语言的历史请参考以下书籍。

* 杰里米 · 里夫金著，李京南翻译，《同理心文明》，民音社，2010，Jeremy Rifkin，*The Empathic Civilization.*

豺狗象征着人在成长过程中形成的习惯性用语。它是以评价代替观察，以分析、比较、竞争的思维代替感受，而意识不到需要，执拗于策略和方法，易引起冲突。它惯于强求和命令，而不是请求，易引起不安、恐惧和内疚，结果往往是伤害对方，彼此越来越感到孤单。照片里美丽的豺狗也许并不知道自己为何被比喻成这样，也许会感到疑惑且难过。感谢豺狗在我们学习中扮演的角色，希望能得到它的谅解。

关于豺狗语言的历史会在以下书中详细记载。

* 里安·艾斯勒著，金京识翻译，《圣杯与剑》，2006，Riane Eisler，*The Chalice & the Blade.*
* 沃尔特·温克著，金俊宇翻译，《耶稣的非暴力抵抗，第 3 条路》，韩国基督教研究所，2003，Walter Wink，*Jesus and Nonviolence:A Third Way.*

简介

1. 非暴力沟通（NVC）简介

2. 非暴力沟通的主要概念

3. 非暴力沟通追求的三个领域

4. 沟通的两个方面和非暴力沟通模式

5. 共同学习非暴力沟通时如何提出请求

1

非暴力沟通（NVC）简介

非暴力沟通（NVC, Nonviolent Communication）也被称为善意沟通（Compassionate Communication），或生命的语言（Language of Life）等。

“非暴力”一词出自甘地的非暴力主义（Ahimsa），是指我们内心的暴力消退后，回归到我们本性慈悲的自然状态。非暴力沟通是指以这种慈悲的方式与他人建立连接，是能帮助我们更深入地了解自己的具体沟通方法。2003 年，凯瑟琳·辛格（Katherine Hahn Singer）将非暴力沟通的理念第一次引入韩国。

马歇尔·卢森堡
（Marshall B. Rosenberg, 1934—2015）

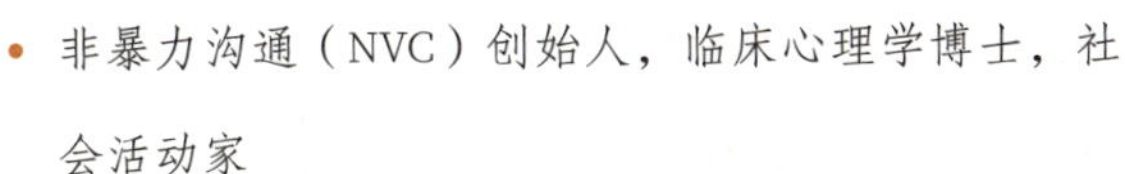

- 非暴力沟通（NVC）创始人，临床心理学博士，社会活动家
- 20 世纪 60 年代，美国实施种族歧视废除法时引发了各种社会矛盾。为解决这些矛盾，政府设立了专门项目，而他通过这些项目创立并推广非暴力沟通（NVC）

- 1984 年，成立国际非暴力沟通中心 CNVC（Center for Nonviolent Communication）
- 在世界各地开展非暴力沟通（NVC）训练，作为仲裁者奔走于发生争端的国家

卢森堡相信，“人天生热爱生命，乐于互助”，并开始思索两个问题：

第一，是什么使我们难以体会到心中的爱，以致互相伤害？

第二，是什么让有些人即便身处困境，也能心存慈悲？

经过思考，卢森堡领悟到，恰当的语言和表达方式是关键。由此产生了具体而明确的沟通方式。可以说，非暴力沟通（NVC）并不是新生事物，而是唤醒我们自己本原的方法。

卢森堡深受卡尔·罗杰斯、马丁·布伯、庄子、甘地、马丁·路德·金等人的影响。

2

非暴力沟通的主要概念

以下是构成非暴力沟通基础的几个主要概念。非暴力沟通的过程包括在日常生活中得以实践这些概念的具体模式。

人天生乐于给予

每个人都应该充分意识到自身和对方的需要，既不是受到外界的压力也不是出于履行义务，而是主动选择，乐于为他人做出贡献时，我们就能感到真正的快乐。

每个人都有相同的需要（Need），并因这种需要产生能量而相互连接

需要具有普遍性（Universal），每个人在需要的层面上不存在冲突。如果觉得仅有一种策略或方法可以满足自身需要，那么将会产生冲突。当我们说彼此之间存在文化差异时，其实是说明我们满足需要的方式不同而已，并非需要本身不同。

世上有充足的资源可以满足每个人的基本需要

如今许多人经受匮乏、贫困，是因为社会结构并非是建立在以尊重或满足每个人的需要的基础上的。长期处于贫困的状态不仅是由于社会结构的限制，也因缺乏建立和健全以慈悲心为基础的纽带关系的意识以及形成这种意识的训练。

我们的所有行为，都是为了满足某种需要

我们所做的每个行动都旨在满足某种需要，无论是有意识的还是无意识的。如果当时我们意识不到我们真正想要的是什么，就很难找到一个有效的策略来满足这些需要，反而会选择做出无法满足自己或他人需要的暴力行为。

感受是人的需要是否得到满足的信号

他人的行为可能激起我们的感受，但那一瞬间引发我们感受的真正原因其实是内心的需要。当需要得到满足，且需要的意识与那种能量连接时，我们就会产生平和、满足与幸福的感受。相反，当需要尚未得到满足，就会感到悲伤、恐惧、愤怒等。每一瞬间的感受都取决于我们面对当下的状况会有何种看法、做出何种选择。人的感受也会受到儿时的创伤（精神创伤），或作为社会人在成长过程中形成的

观念的影响。

每个人都有爱和慈悲心（Compassion）

我们与生俱来拥有爱的能力。但由于大多数人都不善于运用这种能力，导致爱与被爱的方式并不成熟。当我们被爱，并且能做到自主选择且得到尊重时，不仅会爱自己，爱他人和尊重他人的心也会油然而生。学会摆脱恐惧感，并培养这种爱的能力，是为满足人的需要，可以说是一种社会贡献。

我们每时每刻都可以做出选择

在任何情况下，我们都有选择的自由。无论是来自外界的刺激，还是内在激起的想法，当我们意识到那一瞬间产生相应的反应的源头，即“需要”，同时做出能够满足自己需要的行为选择，就可以做到自律。这总是从内心的选择开始。

当人与人之间能够实现在需要的层面相连时，就会体验到相互依存（Interdependence）、成为一体（Oneness），这种相互依存的状态其实就是与所有存在相连。

3

非暴力沟通追求的三个领域

1. 与自己的连接

用自我同理的方式去接纳因小时候受到伤害而变得萎缩、紧张的身心。这时候，通过放松的身心能够体验到神圣能量（divine energy）的流动和疗愈作用。当停止对自己的暴力，理解自己、用爱来对待自己时，能够体会到“我”作为存在的舒适和快乐。如果能够做到基于需要的思考、语言、行动，在相同的状态下就会产生采取不同行动的力量。这是与他人建立或进行社会活动之前的先行步骤。

2. 与他人的连接

在与自己内心的正能量连接的状态下，内心和外界将会达至协调。不管对方用什么方式表达自己，尊重对方也有跟“我”相同的感受和需要，并用非暴力沟通进行对话的时候才有可能形成这样的协调。无论处在怎样的状态，不是出于无意识或习惯，而是有意识地表达“我”的观察、感受、需要、请求，并听到对方的观察、感受、需要、请求，以此来进行连接。

3. 社会变化（Social Change）

帮助自己以所需要的能量与他人进行连接，并形成连带关系。这样的连接和纽带让我们的生活变得丰富多彩，并让无济于事的社会结构或机关得到精神层面的修复。目前，国际非暴力沟通中心和世界各国的非暴力沟通社群为社会的变化举办了以下活动：

（1）恢复自由项目（Freedom Project）：帮助犯人和刑满释放者通过非暴力沟通教育找回内心的和平，回归社会。

（2）修复性正义（Restorative Justice）：免于通过惩戒和处罚、排挤给予痛苦的模式，而是用以疗愈和恢复、改善关系和回归社群的模式。

为了保护的强制力

当社会结构和机关对我们的生活无济于事时，我们希望看到社会产生变化。我们要启用以保护为目的的强制力时，不是从敌对的情绪出发，而是与我们要满足的需要、要实现的社会梦想背后的需要能量进行连接。

让生命丰盛的组织特征

- 所有组员都能体验自我实现的价值。
- 为人类提供有品质、有价值的产品或服务。
- 把重点放在追求全社会的良善上。
- 作为共同体开发创造力。
- 使用正确的商业技术。
- 给全体组员提供公正的补偿。
- 创造出有形或无形的利润。
- 能自行维持，受到刺激后能扩张。
- 成员们感到快乐，富有热情。
- 与其组织有关的关系都是向上的。

4

沟通的两个方面和非暴力沟通模式

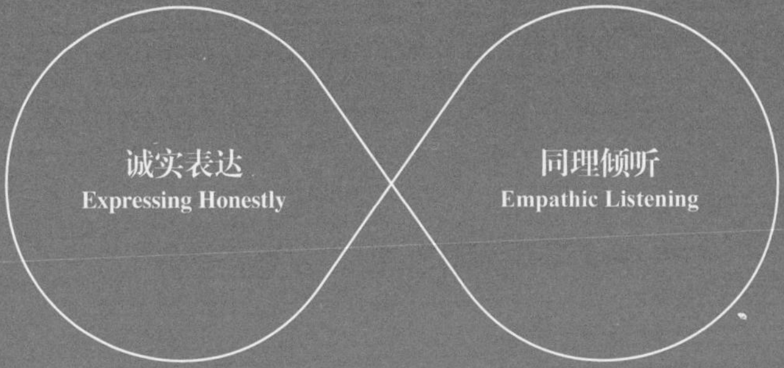

诚实表达
Expressing Honestly

同理倾听
Empathic Listening

诚实表达		同理倾听
我看到……时	观察 Observation	当你看到……时
我感受到……	感受 Feeling	你感受到……
因为我看重……	需要 Need	因为你看重……
能为我做……吗?	请求 Request	你想要……吗?

诚实表达
Expressing Honestly

观察 Observation
感受 Feeling
需要 Need
请求 Request

同理倾听
Empathic Listening

观察 Observation
感受 Feeling
需要 Need
请求 Request

5

共同学习非暴力沟通时如何提出请求

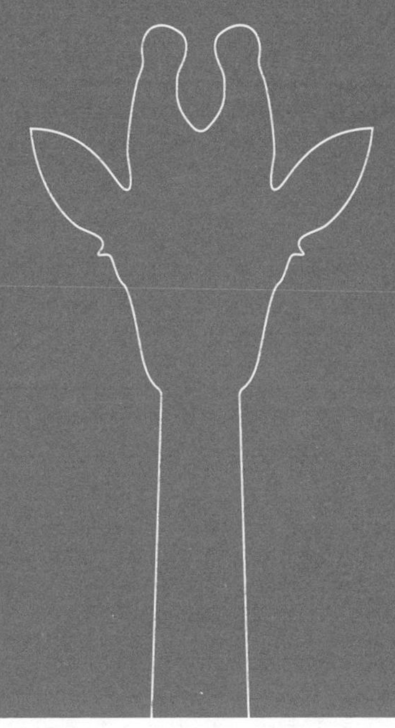

为每个人的故事带去尊重和关怀——保守秘密

未准备好或不愿意做时，可以说通过（pass）

请阐述核心内容

有任何需要时请提出请求

请不要发表未经他人请求的建议或忠告

实践

6. 非暴力沟通模式
7. 需要（Need）
8. 自我同理（Self-Empathy）
9. 充分表达愤怒（Anger）
10. 非暴力沟通地板舞（Dance Floor）
11. 同理（Empathy）
12. 表达 / 倾听“不”
13. 过可以自由选择的生活
14. 感激（Gratitude）
15. 在日常生活中运用非暴力沟通

6

非暴力沟通模式

1. 观察（Observation）

• 不添加我的想法、判断、成见，如实描述当时的状况。

• 因为用我的成见、想法去评论的时候，不能如实地看见和理解现在的状况，所以不能选择恰当的应对方式。

• 说出在我内心引起特定感情的对方的具体行为，对方才能明白我在讲述什么，这样才有可能进行沟通。

• 很多的冲突和误会，仅用观察就能防止。

• 观察能让说的人和听的人根据相同的理解进行沟通，但是评论会让人采取防御或攻击性行为。

• 评论都是在无意识中发生的。所以，为了做到观察，重要的是慢慢进行。

• 不仅是外界发生的事情，还有自己内心的思考也是观察的对象，特别是已经很久的或者以为是事实的想法，因此保持一定的距离客观观察是有必要的。

• 如实、客观的观察也会让对方认为是指责。重要的是先意识到我的意图是连接，并将感受和需要一起表达出来。

2. 感受（Feeling ）

• 感受让我们连接他人的情绪，所以正确认识并表达自己的感受是很重要的。

• 根据我们的需要得到满足或未得到满足，感受会反映在我们的身心上。重要的是对身体上的感受（紧张、萎缩、发抖等）和情绪上的感受（悲伤、孤独、挫折感等）都有所觉察。

3. 需要（Need ）

• 需要透过我们来表达生命的能量，是非暴力沟通的核心。在大多数情况下，能意识到需要并与需要能量连接就足够了。认可、接纳、爱、尊重等某些需要是只有自己才能满足自己的。

• 如果通过他人特定的语言或行动才能认可我自己、才能满足对认可的需要，就会依赖他人，从此会开始痛苦的生活。

• 除了最基本的水、食物、睡眠以外，人类为了自我实现和过幸福的生活，有必要满足安全、连接、生活的意义、尊重、照顾等普遍的需要。

• 满足需要的方法有可能根据人和文化的不同而不同，不会受特定人、场所、行动、时间的限制。与需要能量连接的时候，能找到多种具有创造性的满足需要的方法。

4. 请求（Request）

• 提出真正请求的心态是，不管对方接受还是拒绝我的请求，我都可以以相同的心态去接受。

• 重要的是提出请求之前要明确自己的意图，先明确是想要请求连接，还是请求行动。

• 确认自己的需要后，为了满其需要，须提出明确的请求。正面的、具体的行动请求，可以增大从对方得到正面的回应的可能。

• 非暴力沟通的请求看重双方的需要是否都能得到尊重。在这一点上与要求（不尊重对方的需要和选择）是有区别的。

（1）**连接请求**

• 想要了解对方对我所说的话有何反应时：

例

"能跟我讲一讲听了我的话你有怎样的感受吗？"

"我这样讲的时候，你有怎样的感受或想法？"

"听了我的话，你有怎样的心情，能跟我讲讲吗？"

- 想要确认是否说出了我想要表达的内容时：

例

"我想知道，我是否准确地表达了我想说的话，你能否告诉我，你听到了什么？"

"我有怎样的感受、有怎样的需要，能按你的理解讲给我听吗？"

在对方误解我们的意图时，无论对方做出怎样的回答我们都要对此表示感激，然后可以重新尝试一下连接。

例

"啊，你是那样听的，能按你听的讲给我，非常感激。"

（2）行动请求

以疑问句型提出具体、积极的行动请求。重要的是我们要明确我们的意图是提出请求，而不是提出要求。

• 想了解对方有没有进行某种特别行动的意图时：

例

能帮我做 XXX 吗？（肯定、具体地以疑问句型提出请求）

练习 01

同理

以下状况，两人为一组，扮演角色剧，并互相同理对方。

这时扮演听的角色者要找到对方话语里的观察、感受、需要、请求，并同理这些内容。

特别是做请求练习的时候要做到两种方式的连接请求和行动请求共三种练习。

1. 妻子毫无理由地冲我嚷嚷。这已经是这周第三次了。（同理丈夫）

2. 朋友说为了减体重，自己正在减肥。但是朋友已经吃了两块奶酪蛋糕，又开始吃曲奇饼干了。（同理担心的朋友）

3. 孩子很想念一周以来为了加班而晚回家的爸爸。（同理孩子）

4. 夜已经很晚了，夫妻俩坐在客厅里聊着下午发生的让彼此伤感情的事情。这时，6 岁的孩子从自己的房间里出来说："爸爸，我睡不着，你们在聊什么呢？"（同理孩子）

5. 本周工作也多、加班也多，是非常累的一周。同事找到我，说本周末家里有活动让我在周末帮他工作。（同理同事）

6. 最近和一个朋友几乎天天见面，但是上周没有接到朋友的电话，打电话他也不接，但是逛街的时候我发现了那个朋友。（自我表达以及同理朋友）

诚实表达自己

观察
Observation

如实地看到或听到（与“评价”区分）

“当我看到__________，听到__________时。”

感受
Feeling

我们的身体和内心产生的反应（与“想法”区分）

“我感到__________。”

需要
Need

感受的根源（与“策略/方法”区分）

“因为我需要/看重/想要__________。”

请求
Request

使用具体、正向的祈使句（与“要求”区分）

——请求连接

“当你听到这话时，有什么感受（怎么想）？”

——请求行动

“你能帮我做__________吗？”

练习 02

把静态的语言转化成动态的语言

把下面我们在日常中经常使用的语言转换成非暴力沟通的表达方式。

例如：那个是对的——我也是那么想的。

1. 那是错的。

2. 你很亲切。

3. 那很好。

4. 那很坏。

5. 那很正常的。

6. 那很不正常。

7. 你是自私的人。

8. 你很善良。

7

需要（Need）

需要是非暴力沟通中最重要的要素——需要能量进行连接的练习。需要能量是只能通过亲身体验才能了解的。某个概念或说明、在书里读到的他人的经验是起不到帮助作用的。以自己特定的方法体会需要，身体就能记住。例如，“休息”这个需要的满足，有的人是午觉的时候、有的人是在大自然中的时候、有的人是在读自己喜欢的书的时候，还有喜欢科学的人觉得在实验室度过时间就是愉快的休息。长时间登山后回到家，在浴缸里泡着疲惫的腿脚和腰、背、肩膀及全身的时候，也能体会到“休息”。每个人对需要能量的体会以颜色、形象、声音、动作等多样的形态呈现。

需要介绍

两人分为一组，一人先说，另外一人倾听。倾听的人保持静默，跟随说的人的能量。但是说的人因现在或很长一段时间的需要未能得到满足而悲伤的时候，帮助他与需要的美丽重新连接上。

1. 在圆圈的中间摆放需要卡片（先摆放会方便一些）。

2. 大家站起来看一下卡片，然后再从中选择 3 张卡片。

3. 两人分为一组，面对面坐在一起。（A、B）

4. 决定谁先做冥想。

5. 一起保持静默（10 秒）。

6. 当 A 准备好之后，从自己的卡中挑选一张递给 B。

7. B 问一下写在卡片上的需要。如果需要是“休息”的话，问 A：“‘休息’这个需要是怎样体现的？”“‘休息’在你身体里怎样鲜活地体现着呢？”“‘休息’是怎么接近你的？”等。

8. A 想象一下充分体会“休息”的时候或“休息”这个需要充分得到满足的时候，与身心的感受和能量进行连接，然后进行表达。

9. A 回答结束后一起保持静默，并回味那能量（10 秒左右）。

10. B 把卡片还给 A，把自己的卡片交给 A，A 向 B 提问。

抽到“哀悼”卡片的时候，与“哀悼”背后的美丽的能量进行连接。

反馈

大家恢复到大圈后，每个人分享“需要”有什么样的意义？

8

自我同理（Self-Empathy）

- 在表达自己或同理倾听他人之前，有必要优先做的非暴力沟通核心过程是自我同理。就像同理他人一样，是用慈悲心和关爱倾听自己、接纳自己的过程。

- 自我同理是在自己面对自己的局限（失误、做错）时，不去讨厌自己或失去自尊感，不隐藏自己的失误，如实地承认失误，避免再次重复相同的选择，促进学习和成长的过程。

- 内心自责的能量会夺去生命的活力，让我们变得无力，所以我们会用消费的方法或上瘾的方法（购物、酒、药物等）去代替、直面失误，或者习惯性地想依赖他人。自我同理就是看到内心自责的信息，与其背后的生命能量连接，与我们内心原有的正能量连接的过程。

- 通过自我同理，觉察到我们本是完整、丰富的存在，因而能重新找回存在中流动的快乐、舒适、自由。

通过自我同理能获得

- **清晰**（Clarity）：思考“我”的语言或行为，直视“我”因痛苦而回避问题时，能清晰地整理“我”为什么会做那样的选择，能清晰地整理一直以来进行自责的问题。

• **慈悲心**（Compassion）：充分哀悼自己的“失误”，能深切地理解自己、原谅自己、接纳自己，也能感受到对自己的慈悲心和爱。之后，自然心有余暇地宽容对待别人的失误。

• **赋能**（Empowerment）：可以让我们从无力的自责中解脱出来。再次遇到类似的状况时，产生能照顾到我和他人需要，并选择另一种行为的力量，体会不同的生活。

自我同理指南

1. 用具体的观察写出“当时不那么做就好了”这样的从过去到现在都后悔的语言或行为。能准确、具体地写出我认为“失误”或“错误”的行为对自己能起到帮助作用。

2. 我的反应

(1) 写出因为以上行为对自己指责或批判的语言，把头脑里浮现的所有反应、判断、想法如实地写出来，不要修改或更换（内在教育者〔Inner Educator〕讲的语言），至少写 3 句以上。重要的是意识到这样的内心反应，并把头脑里的豺狗信息都写出来。

(2) 对这样的豺狗信息不去做对 / 错的判断，如实地接纳和对待。

(3) 意识到这些豺狗是我自己在头脑里想出来的想法或故事，在那些想法和我之间保持距离，客观地去看待。为了做到这一步，把每个豺狗信息像下面的例子一样讲出来。

例

我对我自己说“我是暴力的”。

3. 寻找需要和感受

(1) 以上的豺狗信息都利于寻找我们的需要，所以很重要。找出每个豺狗信息背后的需要并把它们写出来。

(2) 慢慢意识到通过 (1) 的行为想起这些未能得到满足的需要时有怎样的感受，并充分地停留在这个感受上。

到这一步是对过去的行为进行哀悼的过程。

4. 现在把重点放在 3 里面找到的每个需要本身的能量上。把我们的焦点从需要未得到满足的痛苦中转换到那个需要本身的美好上。闭上眼睛，用身体去感受其能量，把注意力放在那个需要上，同时也观察我们身体的反应。想起这个需要得到满足的时候，感受那种幸福的能量也是有帮助的。意识到这些需要也是我原来样子的一部分。一直停留在这个过程中，直到身心得到放松，感到舒服为止。

5. 再次回忆一下我们所做的行为背后想要尝试满足的需要。在选择 1 的行为的瞬间也有想要满足的需要，去寻找到那个需要（内在选择者〔Inner Chooser〕)。意识到那个需要也是我的一部分，而且有多么重要。读懂这时在内心涌现出的感受，大概心情会变得舒适。做出 1 的行为时不是自己邪恶，也不是有要害人的坏意图，只是那个时候为了满足我的需要而采取的我所知道的最佳方法。只要接受这一点就能大体上接纳、原谅自己。之后会再次涌出处于相同状态时选择其他行为的力量。

第 5 项是原谅自己的阶段。

6.（选择事项）想想能对我自己提的请求。为了满足以上的需要，你希望自己对内心或外界做出怎样的行为？这里重要的是，对自己也能提出具体、正面的请求。

(1) 在持续的人际关系中再次发生相同的状况时，要做出怎样不同的行为？第 3 项和第 5 项的需要都很重要，所以想想使两个需要都能得到满足的方法。

(2) 如果是不可重复的只发生一次的事件，将选择是否解开其关系。

整个过程不是单向性的，不管在哪个部分都有可能再次冒出豺狗的想法，这个时候同理豺狗想法背后的感受和需要后再继续。

例

1. 写出至今还感到后悔的表达或行为。

打了没有参加打扫卫生就走掉的学生一个耳光。

2. 写出对以上行为头脑里批判自己的语言 / 想法。

（内心的豺狗信息，内在教育者）

我是暴力的。

我没有做老师的资格。

我是一个糟糕的老师。

3. 写出那个想法背后未得到满足的需要和由此产生的感受。

(1) 需要

内心的豺狗信息（想法）	需要
我是暴力的	想用能传达爱和温暖的方法与学生建立关系

内心的豺狗信息（想法）	需要
我没有资格当老师	能控制好感情，用行为表率为孩子们做贡献
我是一个糟糕的老师	作为老师，想过有自信心和有价值的生活

(2) 感受

意识到因为我的行为，这些重要的需要未能得到满足时，我感到非常惋惜、失望和悲伤。

4. 充分地停留在 3 里找到的那些需要能量上。

尊重孩子，理解孩子，并用温暖的纽带关系指导孩子，这对我来说很重要。

我真正想成为那样的老师。那是我的梦想，我想要那样去生活。

闭上眼睛，慢慢地用身心去感受那需要的美好能量。

5. 寻找当你选择那个行为的时候，想要满足的需要（Need，内在选择者）。

想要教孩子们共同体的秩序和协调、信赖、对我的意见的尊重和维持学校清洁的协助、增进社会生活的好的生活习惯。

6. 写出对自己提出的请求——怎样能够有效地满足我的（3 项、5 项）需要（Need）。

如果下次还出现相同的状况，先对自己内心的愤怒做自我同理后，听听那位学生的感受和需要，形成共识，然后再转达我的感受和我认为重要的想法。

练习 03

自我同理

1. 写出在过去的语言或行为中至今还令你感到后悔的。

2. 写出对以上行为头脑里批判自己的语言 / 想法。（内心的豺狗信息，内在教育者）

3. (1) 写出 2 项的想法背后未得到满足的需要。

(2) 写出想到因 1 项的行为未得到满足的需要时的感受。

4. 充分地停留在 3 项里找到的需要及需要能量上。闭上眼睛，用身心感受其能量。

5. 写出当你选择 1 项行为的时候，认为重要的需要。

6.（选择事项）写出对自己提出的请求——怎样能有效地满足我的（3 项、5 项）需要。

9

充分表达愤怒（Anger）

对方对我的愤怒是没有责任的。

——马歇尔·卢森堡

非暴力沟通里的愤怒

- 此刻我的某个重要的需要（理解、认可、尊重、平等、支援、温暖等）未得到满足。
- 此刻在我头脑里有指责对方的想法（愤怒的原因），想把我愤怒的责任转嫁给对方。
- 此刻我要做出愈加不能满足我的需要并且以后会后悔的语言或行为。

愤怒起到告诉我们这种状态的警报器的作用

- 对方对我的愤怒是没有责任的。对方的语言或行为能成为引起愤怒的刺激，但不是原因。
- 愤怒的原因在于我们悲剧性的想法。基于那样的想法做出行动的时候，我们会把力量和能量都用在身体上和精神上惩罚别人的方面，所以不仅仅是给自己，也给对方带来痛苦。
- 愤怒是在我们生活中自然产生的感受的一种，但是在禁止愤怒的氛围中因为恐惧不能时时刻刻表达，未能表达的愤怒积累在内心，会有爆发的危险性。在身体上积累的愤怒的负面能量会成为郁火病，所以我们的身心都要付出代价。

- 在非暴力沟通里我们应该把愤怒转换成需要本身美丽的能量，在以那能量连接的状态下，用加深对方的理解和连接的方法去充分地表达自己的愤怒。
- 我们把意识焦点放在需要上的时候，不再感受到愤怒，所以在相同状况下可以选择不同的对应方式。

想发火的时候

我身体的反应：

....

....

....

我内心的状态：

....

....

....

我周围的人表达愤怒的方法：

发火后的感受：

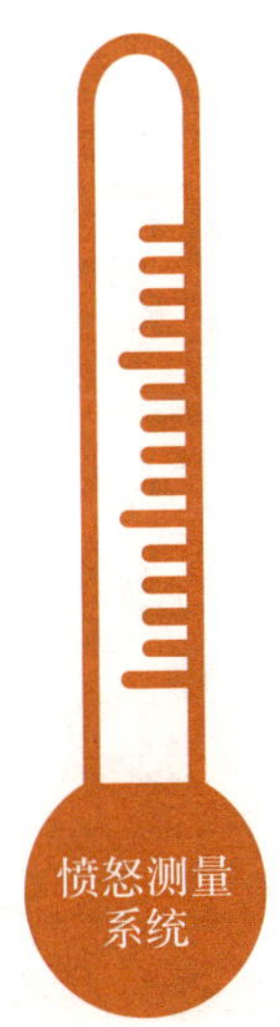

练习 04

充分表达愤怒

1. 愤怒时要做的内心工作

回忆一下发火的瞬间：

(1) 用观察的方式写出那个时候谁说了什么话，采取了什么行动。

(2) 写出在以上状况下我对对方的指责（豺狗信息）。

（那个信息里大概有“应该”“必须”“应该……做”“不应该……做”等的强迫。）

(3) 把 (2) 的豺狗信息一个一个代入下面的句子里慢慢回味一下。

“我对我自己这样说‘..’。”

(4) 寻找以上指责想法背后的需要。

需要：

....

....

....

(5) 花一些时间去意识到那需要，并与那需要的美丽能量连接。

....

....

....

(6) 带着需要的能量再去看 (1) 的状况。回忆一下在那状况下 (4) 的需要未得到满足，然后再去看看有怎样的感受。

感受：

2. 愤怒的表达

现在用非暴力沟通的模式向对方表达愤怒。

(1) 观察［1.(1) 的观察］

(2) 感受［在 1.(6) 里找到的感受］

(3) 需要［在 1.(4) 里找到的需要］

(4) 请求（大概是先提出连接请求，互相连接后再提出行为请求）。

3. 同理对方（选择）

与搭档一起推测刺激我的对方的语言或行为背后的感受和需要。

4. 转化愤怒的几个阶段

(1) 先停下来。

发火的时候，做出以后会后悔的语言或行为的可能性更多。这时说出的语言、做出的行为有想惩罚对方的能量，所以只能给自己和对方带来痛苦，不能很好地理解状况和做出对大家有帮助的判断。

(2) 做深呼吸。

做 3 次深呼吸。做深呼吸的时候，第一次把注意力放在脸部，第二次把注意力放在脖子和肩膀部位，第三次把注意力放在胸部和腹部周围。每次深呼吸的时候把紧张随着呼气呼出去。这样做 3 次深呼吸，可以放松身体，可以获得时间。

(3) 意识到悲观的想法（豺狗秀）。

(4) 寻找那些悲观的想法背后内心的需要，与其能量连接。

(5) 用非暴力沟通模式表达。

• 离开那个场所

有时候，因为太生气用以上方法不能继续沟通的时候，为了保持头脑清醒，可以拥有一个人的时间，这时重要的是要明确地说出自己的需要，然后再离开。

“我现在太生气了，所以需要时间。在这样的状态下我会说出会令自己以后后悔的话。对我来说我们的关系很重要，所以我们一个小时后再说怎么样？”

如果没有说这样的语言而直接离开那个场所，对方就会做最坏的想象，体会更多的愤怒和恐惧。

- 在我发火的时候，对方也会体会强烈的感情（愤怒、恐惧等）的可能性大。

所以先整理好我的愤怒后，推测对方的感受和需要，懂得对方的感受和需要的话，对方能听我说的可能性会增加。

5. 愤怒扑克游戏

(1) 讲述者：把发火的经验告诉其他参与者。表达愤怒的时候根据下面的卡片表达。

	我想发火
刺激	我看到或听到＿＿＿＿。
原因	因为我觉得＿＿＿＿很重要。

(2) 发牌人给包括自己在内的其他参与者平均发放需要卡片。

(3) 发牌人在自己拥有的需要卡片中，挑出推测符合讲述者需要的卡片放在讲述者前面说：

“＿＿＿＿（名字），因‘＿＿＿＿’的想法，想发火的时候，觉得（需要）很重要，是吗？”

例如：“石头，因‘我同宿舍的人是骗子’的想法，想发火的时候，觉得信任很重要，是吗？”

(4) 其他参与者也按照顺序推测需要后，说以上相同的话，把卡片放在讲述者前面。直到所有参与者结束放卡片，讲述者不做任何反应。

(5) 选手拥有足够的时间把前面的卡片都看一遍。

(6) 讲述者每挑一张贴心的需要卡片时加上“对，对我来说‘需要’很重要”的语言补充说明。

例如：“嗯，对我来说信任很重要。”

(7) 讲述者把自己想要的卡片都挑选后，发牌人再次问讲述者是否自己的需要都找出来了，若还有没有找到的，请讲述者继续寻找。

(8) 讲述者和所有参与者一起简单分享一下反馈。

(9) 开始下一局的时候当过讲述者的人成为发牌人，由愿意成为讲述者的人开始新的一局。

10

非暴力沟通地板舞（Dance Floor）

需要是生命的能量通过我们表达。

——马歇尔·卢森堡

非暴力沟通舞池 13 步舞蹈

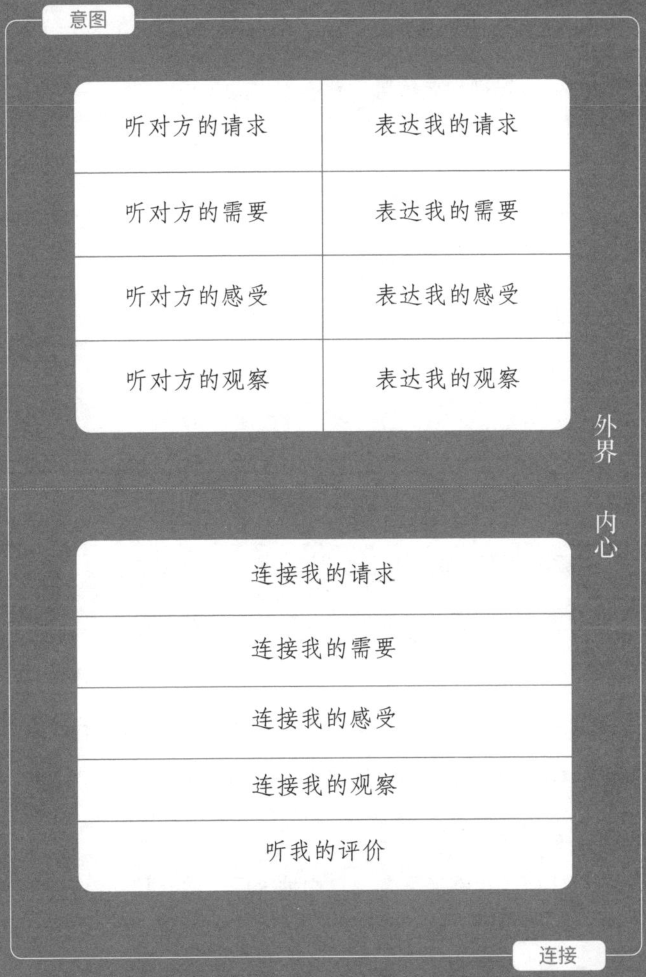

意图

听对方的请求	表达我的请求
听对方的需要	表达我的需要
听对方的感受	表达我的感受
听对方的观察	表达我的观察

外界

内心

连接我的请求
连接我的需要
连接我的感受
连接我的观察
听我的评价

连接

非暴力沟通舞池的目的是为了帮助学习者用多种方式学习并练习理解和连接自己或他人。

内心：参与者在内心做自我同理的过程，这时扮演对方角色的人不做反应。

外界：跳舞的人做自我表达或同理对方，与对方相互作用的部分。

角色

- **舞者**：简单说明情况，然后挑选一个人请求他／她扮演对方角色。给他／她提供两三句文章，然后告诉他／她需要做什么程度的反应。如果希望对方按自己的感受去做出反应，就那样拜托他／她。如果需要主持人和参观者的支援，开始之前向他们提出明确的请求。例如，在内心自我同理的时候是否需要他人的同理等。

用任何卡片都能开始，自由地来回于内心和外界。

• **引导人（Facilitator）：**在远处、在近处或者就在舞者旁边提供支援。一直尊重舞者的空间，用能量和关心提供支援，需要提供帮助的时候才参与。根据情况也可以帮助他学习怎样讲更好。

根据舞者的非暴力沟通经验程度，维持学习和空间的平衡，同时有必要对每个瞬间调整支援的程度。

对第一次做的人，可以把对方的“观察”和“请求”卡片翻过来放。

舞者在看“豺狗”卡片时，帮助他充分听到“豺狗耳朵朝内”和“豺狗耳朵朝外”的话后再做表达。

在学习的阶段，敏锐地意识舞者的走向，在规定的时间内结束。

做疗愈的状况下，不要限制时间，继续到结束为止。

• **参观者：**一边自由地移动，一边看。

舞者卡住的时候可以进去代他完成流程。

可以把疑问、洞察、舞者说的话写下来之后在反馈时间分享。

可以扮演计时器角色。

分享反馈

一个参与者结束流程后，拥有互相分享反馈的时间。

1. 问参与者是否想分享经验，问参与者有怎样的感受。

2. 问扮演角色的人扮演角色的时候什么时候感受到连接，问他是不是想攻击的心大于想连接的心。

3. 让参观者分享感受和学习到的东西及疑问等。

时间结构

一个人至少用 20 分钟（设定 5 分钟，舞蹈 10 分钟，反馈 5 分钟）

---

* 非暴力沟通地板舞是国际非暴涨力沟通中心（CNVC）国际认证讲师吉娜·劳里（Gina Lawrie）和布里奇特·贝尔格雷夫（Bridget Belgrave）开发的，目前有愤怒、羞耻心舞蹈和自我同理舞蹈等 9 种 。

11

同理（Empathy）

同理是尊重对方的心，理解对方的所有经历。
很多时候我们急于忠告、安慰或解释，而不能同理。
同理是把自己全然地放空，全然地接纳和倾听他人。
——马歇尔·卢森堡

同理（Empathy）

西方国家1910年左右第一次使用“同理”一词，之后于1970年通过卡尔·罗杰斯而广泛使用。在中国，大约2300年前，庄子这样解释同理：

真正的同理是放空自己的心，以完整的自我存在倾听对方的言语。

- 同理最重要的要素是放下“我”的意见和成见，全然地倾听和理解对方的意图。这意图是与对方、对方的言语流露出的能量进行连接。那是因为有可能与对方言语背后的感受和需要进行连接，其能量有疗愈的力量。

- 停留在当下，现存（Presence）是一直停留在当下，同理总是在当下发生。对方说过去或未来的想法的时候，唤起因那个想法引起的当下的感受，让他回到当下。

- 不管对方用什么语言做自我表达，同理的人把焦点放在他说的语言背后的观察、感受、需要、请求上。这时候推测对方内心里是什么在向他提问，这是因为只有他才明确知道自己的感受和需要。即使我们推测得不正确，我们想连接他的感受和需要的意图能转达到他那里，这样他才能深入地找到自己的感受和需要。

• 重要的是在找到解决方法之前，让对方感觉到自己已经充分表达并得到了理解、拥有足够的时间。一般当对方充分感受到了同理的时候，就会安心地叹气或能感觉到他的身体得到放松。为了更加确定，可以问问他还有没有想说的话。

• 同理对象有可能是我爱的人或家人、同事、邻居，或是共同体，我讨厌的人也有可能成为我的同理对象，但是比谁都重要的同理对象是我自己。(自我同理)

• 很难或者不愿意同理他人的时候，可能是自己优先需要同理。还有可能是，我们自己精神上或者身体上已经很疲劳，不放松，这时比同理他人更重要的是优先照顾好自己。

• 意识到对方的感受和需要，不是必须要用语言来表达，同理的大部分都是在静默中形成的。

• 同理不是意味着完全同意或接纳对方的语言、行为、思想。

练习同理的四要素

1. 写出最近听到的很难忍受的评价语言。

2. 与搭档一起做同理练习。

12

表达 / 倾听“不”

明确说出“不”的能力，能从 36 种疾病中拯救你。

——印度谚语

- 在非暴力沟通里不认为对方满足我的请求才是成功的沟通。非暴力沟通里的请求是对方对我的请求说“不”的时候，我也能用“是”的心去倾听。把“不”看成是对话的继续。

- 在非暴力沟通里说或听“不”（不是、不行、不要、做不到、没有时间、不能做、不关心等）的时候，不把它当作拒绝，而是当作对方在表达别的想要满足的需要。

- 我们有时候因为心软或者怕吃亏而不能果断地说“不”，因此在生活中遭受很多压力，但若我们能诚实、轻松地说出“不”，就能在说“是”的时候让他人相信那是真正的“是”，才有可能建立相互信任的、快乐的人际关系。

- 说或听“不”的时候以同理开始，以寻找满足相互需要的方法的请求来结束。

不关心
不能做
不是
没有时间
不行
不要
做不到

1. 说“不”

虽然我们选择决定不听从对方的请求而说出“不”，但我们的意图是理解并尊重相互的需要，并且维持连接。

大部分时候，当我们想要说“不”时就会感受到恐惧，所以很难做到说“不”。很多女人从小开始被教育，认为好女人没有需要；男人也被训练成认为强悍的男人不能有需要，所以有必要去理解说“不”时不自在的心情。

为什么很难说出“不”，这时要理解我们想对自己说怎样的语言，这样才能用更自在的心基于需要而自信地说出“不”。

• 想说“不”，但是妨碍我说出“不”的想法。

……………………………………………………………………

……………………………………………………………………

……………………………………………………………………

……………………………………………………………………

……………………………………………………………………

……………………………………………………………………

• 这种想法背后我的需要和感受。

• 说出“不”能满足到的需要和因此产生的感受。

练习 05

说"不"(1)

1.“明天早上我会打电话说我生病来不了了，所以要是组长问起的话就说我今天咳嗽得厉害，还因头痛很痛苦，可以吗？”（旁边的同事）

2.“在我的朋友中没有智能手机的只有我一个人，要是爸爸/妈妈知道我比朋友们落后了多少，是不是应该给我买一个呀？！”（10岁子女）

3. “现在是腌泡菜的季节，我想帮你们做泡菜，也想帮你们带带孩子，想跟你们在一起……好久没有见到孙子们了，想去你们家待一星期左右……”（婆婆打来的电话）

4. “以后给落选的申请者们就发电子邮件吧。反正以后在公司里也不会再见到他们，如果一一打电话通知是很浪费时间的事情。”（人事部主管）

5. “这绝对不是骗局。做这个的人跟我是同学，听

说他已经挣了很多钱。我们把储蓄拿出来做投资，在3个月内怎么也能翻两倍。别担心，这是一生一次难得的好机会。”（配偶）

6.“我老公/老婆上班的银行出了新卡，有很多优惠，也很方便。你也知道，不是好事我连提都不会提，所以请相信我，能签个名吗？”（同学聚会遇到的朋友）

练习 06

说“不”(2)

(1)想一下我很难说“不”的人。(朋友、孩子、上司)

- 谁:
- 他对我提出的请求:
- 状况:(简短)

(2)他的请求里包含的需要是什么?(同理对方)

一直停留在对方的感受和需要上，直到形成共识。

(3)在这状况下我想满足的需要是什么?(自我同理)

我为什么不能满足对方的需要，向对方充分表达我的需要，并确认对方已经理解我的需要。

(4) 在这种状况下为了寻找能满足大家需要的方法，我能够提出什么建议？

2. 倾听“不”

当对方对我的请求说“不”时，推测一下对方是为了照顾到自己什么样的需要而不能满足我的请求。这时推测那个需要对我有多么重要，与其需要进行连接。这样就不会按个人心情去听“不”，所以就不会受到伤害，也可以继续对话。

例

邀请朋友一起去看电影的时候，朋友说“不”，那是他想满足“休息”的需要，所以对自己的需要说“是”。

练习 07

倾听“不”（1）

1.“现在可以玩游戏吗？”（十几岁子女）

“不行！在写完作业之前不能玩游戏。”（父母）

2.“这次过节去爷爷家吧。”（父母）

“这次过节我不去爷爷家，我想待在家里。”（十几岁子女）

3.“这个月开始能给我涨点零花钱吗？”（大学生）

“你以为挖个地洞就出来钱吗？”（父母）

4.“能继续担任总务职位吗？”（社团代表）

“这次我不能担任总务职位了，因为没有时间照顾孩子了。”（社团会员）

5. “去喝咖啡吧！”（朋友）

“我现在不想喝咖啡，去散步怎么样？”（朋友）

6. “因为太着急，所以能借我点钱吗？”（朋友）

“我不能再借给你钱了，上次借的钱你都没有还。”（朋友）

7. “冰箱里的蛋糕我能吃吗？”（孩子）

“不要碰冰箱里的蛋糕，因为那个蛋糕是为了聚会才买的。”（妈妈）

8. “这周末公司举办的足球赛大家都要参加。”（组长）

“这周公司举办的足球赛我参加不了，因为已经答应家人与他们在一起。”（职员）

9.“这次我们教会的运营委员是由5位男性组成。”（牧师）

“在我们教会停止男女差别对待之前不会再捐款了。”（教徒）

10.“这个相框非常好，可以挂在客厅里吗？”（室友）

“不管那个相框有多好都没有关系，现在客厅已经很乱了。”（室友）

11.“今天没有带工作服，能这样直接工作吗？”（职员）

“不穿工作服是没有办法在我们餐厅工作的。”（组长）

12. “给我买部手机吧，就我没有。”（孩子）

“我不管你朋友是不是都有手机，反正在你毕业之前是不会给你买手机的。”（父母）

练习 08

倾听“不”（2）

对方对我的需要说“不”的时候，把焦点放在那个瞬间——他是为了照顾自己的哪些需要而不能满足我的需要的。

(1) 写出我对谁提出怎样的请求，对方说“不”的时候很难接受的状况。（或者因为怕被拒绝不敢提出请求的状况）

- 谁：
- 我对他提出的请求：
- 状况：（简短）

(2) 想想对方拒绝我的时候我的感受和需要是什么？（自我同理）

我的感受：

我的需要：

(3) 推测一下，我拒绝对方的时候对方的感受和需要是什么？（同理）

对方的感受：

对方的需要：

(4) 在这状况下为了寻找能满足大家需要的方法，我能提的请求是什么？

13

过可以自由选择的生活

将“必须要”换成“我选择”

人类最后一个自由是在特定情况下可以选择自己的态度。

——维克多·弗兰克尔 《活出生命的意义》

从外界受到强迫的时候，我们因自律性或者选择的自由受到了威胁，而会感到强烈的排斥感。强迫也来自内心，“我必须得……”“我不得不……”以这种心态在内心强迫自己的时候，会让自己失去活力，会让要做的事情变得很难，很难以快乐的心情去生活。

来自外界的强迫会让我们愤怒，

来自内心的强迫会让我们忧郁。

这样的自我强迫背后大部分会有引起罪恶感、恐惧等的想法。这些想法产生于获得金钱或地位、从他人那里想得到认可或爱，或者是义务感，或者想逃避惩罚的心情。能把梦想杀死的语言有以下几种。

例

“我必须得每天做饭。”

“我必须得帮助孩子们写作业。”

“我必须要学好非暴力沟通。”

例

“我不得不挣钱。”

深入这些想法，我们就能找到选择那个行动所要满足的需要。与那个需要能量进行连接后，行动的时候能体验到活力和自由，并且能意识到我们总是能够做选择。这样过我们自由选择的生活的时候，也能带着另外的能量来做相同的事情。

练习 09

把内心的“必须要”换成“我选择”

我们不是为了成为奴隶而出生的。
——马歇尔·卢森堡

(1) 找一件我一边对自己说“我必须得做……”或“我没有选择的余地”，一边不喜欢也要继续做的事情。

(2) 做那件事情我想得到的（例如金钱、爱情、人情等）和想逃避的（例如处罚、罪恶感、羞耻心等）是什么？

(3) 做那件事情的时候我的身体和内心有怎样的感受?

(4) 因为做那件事情我的哪些需要未能得到满足?

(5) 做那件事情想要得到满足的需要是什么?

(6) 做选择。

如果选择继续做那件事情，满足未得到满足的 (4) 项的需要，能继续做那件事情的方法是什么？

(7) 如果选择不做那件事情，能继续照顾 (5) 的需要的方法是什么？

14

感激（Gratitude）

你愈懂得感激，就愈不会为仇恨、压抑与绝望所苦。感恩是灵丹妙药，能消融小我占有和掌控的硬壳，让你成为一个胸怀坦荡的人。感恩之心是真正的灵性炼金术，让我们成为宽厚仁慈的灵魂。

——桑姆·基恩　哲人

在非暴力沟通里表达感激不是为了获得什么，而是为了庆祝每个人都有能力为对方的生活做贡献的事实，并互相分享快乐。用非暴力沟通的模式表达感激，听的人也能感到满足和深切的感动，说的人也能满足自我表达和连接的需要。

但是，我们在每天的生活中不能做很多感激表达，让我们犹豫表达感激的想法主要有以下内容。

妨碍表达感激的想法：

- 害怕不能很好地表达感激。
- 我的意图或语言不能完整地转达，害怕被误会。
- 害怕得到“有隐藏意图”“假的”“不真实”“感性的”等评价。
- 害怕表达感激变得很感性。
- 我感激对方的事情，对方已经知道。
- 对方觉得自己只是做了理所应当的事情，觉得无所谓。
- 认为对方期待想从我这里得到感激，所以有抗拒感。

- 因为他以前对我所做的行为，他没有资格得到我的感激。
- 说一百遍，不如行动一次。

练习 10

感激（想听到的感激）

(1) 回忆因我的行为或语言想从他 / 她那儿得到感激，但是没有得到的情况。我想得到的感激是什么？想象一下，他 / 她表达感激，把想听到的感激的语言写下来。（包含观察、感受、需要、请求）

(2) 给扮演对方角色的搭档说明一下我和他/她的关系和状况，然后给搭档在（1）的方框里写下表达感激的文字。对搭档扮演对方角色，表达感激。接受感激的人充分回味听到的感激表达后，用同理的方式做出表达。

(3) 他/她为什么没有做出以上感激表达呢？与一起练习的搭档分析一下，找到妨碍对方表达感激的感受和需要，并同理。

对方的感受：

对方的需要：

非暴力（Nonviolent）

非暴力不是产生问题时漠不关心，

而是全然地参与。

重要的是这时我们不会采取只利于自己的方法而行动，

也不能去破坏别人认为重要的东西。

非暴力不仅仅是不存在暴力，

它还包含了慈悲、爱和要去实现的慈悲心。

我深信，不仅仅是在国家的层面，

在一个家庭实践这样的非暴力概念比什么都重要。

每个人都有能力为包含慈悲的非暴力做出贡献。

15

在日常生活中运用非暴力沟通

讲话的时候

（1）**把内心的强迫换成需要**。

当我对自己说“……必须得做”“不做……就不行”“做……是不行的”的时候，找到这样的语言背后的需要，把这些语言换成“我选择……/我希望……”。

（2）**在所有沟通里请用具体的、肯定的语言**。

（3）**把批评换成需要**。

觉察到我自己对他人进行批判、贴标签的时候，问自己：“我对他做这样否定的评价的时候，我的哪些需要未能得到满足？”

例

他太大男子主义了。

→ 我很憋屈和失望。

→ 对我来说平等、互相尊重、互相关怀很重要。

（4）**把指责换成需要**。

把“因为你我有……的感受”换成“因为我需要……，

有……的感受”。

例

因为你我很伤心。

→ 我需要支援和关心，所以我很伤心。

（5）**把强迫换成请求。**

把“你必须要这么做 / 不这么做就不行”换成“我希望你……做 / 能帮我做……吗？”

（6）**为了让对话变得顺畅，提出连接请求。**

你是怎么想的？

你有怎样的感受？

我这么说的时候你是怎么听的？

听的时候

（1）**找到解决方法之前用同理充分倾听对方。**

（2）**必须要记住。**

不管对方用怎样的方式表达自己，那只是他 / 她关于自

己的需要得到满足或未得到满足时的表达，不是针对我的表达。（用 It's not about me！ 来倾听）

附录

感受词汇表（Feelings List）

（此感受词汇表并不完整，可继续添加自己的感受词。）

需要得到满足时

感动、温馨、激动
陶醉、喜悦、充满欢喜
感激、感谢、快乐、愉快
高兴、幸福、心旷神怡
温暖、甜蜜、柔软
暖暖、深情、亲密
畅快、满意、满足
欣喜、轻松、踏实
欣慰、自在、放松
舒适、平静、放心、简单
安静、宁静、从容
精力充沛、喜出望外
有趣、充满活力

需要尚未得到满足时

担心、茫然、沮丧、忧虑
纠结、害怕、恐怖、可怕
不安、着急、紧张
焦虑、心神不宁、心烦意乱
困惑、为难、痛苦
尴尬、郁闷、沉重
忧伤、悲伤、伤感
凄凉、难过
遗憾、孤独、寂寞
忧郁、泄气、无精打采
疲惫、萎靡不振、昏昏欲睡
麻木、筋疲力尽
绝望、失望、气馁、烦恼

需要得到满足时	需要尚未得到满足时
活生生、精力旺盛、精力充沛	苦恼、惊讶
自信、振奋	生气、愤怒
兴奋、乐观、兴高采烈	委屈、讨厌、惭愧、内疚

容易和感受混淆的非感受词

被强迫　被抛弃　被利用　被拒绝　被误会　被攻击

被威胁　被操控　被困住　被怀疑　被虐待　被孤立

被无视　被胁迫　被背叛　不被认可

感受词汇表（Feelings List）

（此感受词汇表并不完整、可继续添加自己的感受词。）

需要得到满足时	需要尚未得到满足时

需要得到满足时

需要尚未得到满足时

不是感受的词汇和其背后的需要

如同下表的词语一样，我们通常认为是感受的词语，其实是在表达对他人不满的想法，而未表达出自己真实的感受。比如，“被某人无视了”“被某人利用了”“被某人背叛了”等。这些语言其实并不是我们所谓的感受，而是我们对他人行为的一种理解。听到此类话后，对方会理解为我们是在批评，因而会为自己辩护或情绪变得低落，甚至反击。当我说“我觉得被你无视了”时，对方可能会说：“我没有无视你，只是……”当对方想要为自己辩护时会说：“我什么时候无视你了？”同时可能还会进行反击。这时我的感受应该会是“难过”或“不舒服”。

我们不应该使用夹杂着想法的词汇来表达自己的情绪，而应该使用感受词汇。然后探寻彼此表达背后的需要（Need)，这样才能使沟通变得顺畅，也有助于心与心的连接。

想法	可猜想的感受	需要
被抛弃	恐惧、心痛、混乱、悲伤、孤独	连接、归属感、信任、支持、帮助
被虐待	沮丧、意志消沉、可怕	关怀、支持、身心健康、温暖
不被认可	不愉快、伤心、孤独	包容、赞赏、良性纽带、共同体、同等的尊重
被攻击	恐惧、愤怒、不安、害怕	安全
被背叛	愤怒、伤心、失望	信任、可依靠、正直、明确
被指责	恐惧、混乱、矛盾、伤心	责任、公平、正义、接纳、理解
被孤立	生气、恐惧、孤独、害怕	安全、关怀、尊重、归属感、接纳
被束缚	恐惧、害怕	自主、选择、自由

（续表）

想法	可猜想的感受	需要
被欺骗	愤怒、伤心、不安、失望	诚实、公平、正义、信任
被强迫	愤怒、生气、害怕、不舒服	选择、自主、自由
被孤立	愤怒、恐惧、担心	自主、自由
被讨厌	难过、孤独、伤心	良性纽带、感谢、理解、认可、友谊、接纳
被怀疑	难过、绝望、失望	信任、诚实
被无视	孤独、害怕、难过、羞愧、遗憾	包容、良性纽带、归属、接纳、共同体、参与
被侮辱	惊慌、羞愧	尊重、关怀、感谢、认可
被妨碍	愤怒、生气	尊重、倾听、关怀

（续表）

（续表）

想法	可猜想的感受	需要
被威胁	不安、恐惧、担心	安全、公平、自信
被误会	不舒服、愤怒、伤心	理解、明确性
被控制	愤怒、无助、混乱	公平、正义、自主、自由
被剥削	愤怒、疲倦、沮丧	尊重、关怀、休息、照顾
被溺爱	生气、厌烦、无力	认可、公平、尊重、相互性
受刺激	愤怒、生气	尊重、关怀
被压抑	愤怒、难过、郁闷	尊重、认可、理解
被拒绝	失望、伤心、害怕	归属感、包容、亲密、认可、良性纽带

（续表）

想法	可猜想的感受	需要
被冤枉	不安、生气、愤怒、失望	关怀、公平、正义、认可、信任
感到窒息	绝望、恐惧、急切	从容、自由、自主、真诚、自我表达
理所当然	伤心、愤怒、失望	感谢、认可、关怀
被践踏、任人宰割	愤怒、沮丧	自信、良性纽带、共同体、关怀、尊重、认可
被怀疑	伤心、无力	信任
不被认可	失望、愤怒、伤心	感谢、尊重、认同、关怀
不被爱	伤心、绝望、孤独	爱、感谢、同理、良性纽带、共同体
不被支持	泄气、失望、难过、伤心	感谢、理解

（续表）

想法	可猜想的感受	需要
被利用	不安、担心、难过、愤怒	自主、公平、关怀、相互性
被侵犯	难过、混乱、不安	隐私、安全、信任、从容、尊重
被不公正对待	愤怒、生气	尊重、正义、信任、安全、公平

需要词汇表（Feelings List）

（此感受词汇表并不完整、可继续添加自己的感受词。）

自主性

- 选择自己的梦想、目标、价值观的自由
- 选择实现自己的梦想、目标、价值观、方法的自由

身体 / 生存

- 空气、食物、水、住所、休息、睡眠、安全、身体的接触（触摸）
- 性的展现、温暖、柔和、舒适、照顾、保护、依存关系的形成、自由地移动、运动

社会性 / 情感 / 相互依存

- 给予、服务生命、亲密关系、联系、沟通、连接、体贴（关怀）、尊重、相互依存
- 倾听、理解、接纳、支持、合作、帮助、感谢、认可、欣赏、爱、爱情、关心、友情、喜好、友谊
- 亲近、分享、归属感、共同体、放心、慰藉、信任、信心、可预测性、情绪安定、自我保护、一致性、安全感

游戏 / 乐趣

- 乐趣、趣味、有趣、欢笑

人生的意义

- 贡献、能力、挑战、清晰明确
- 觉察、成就、意义
- 人生礼赞（庆祝、哀悼）
- 纪念、觉悟、刺激、效率、希望、有主见（自己的见解或思想）、备受关注、参与、恢复、热情

真实性

- 正直、诚实、真诚、存在感
- 一致、个性、自我尊重、理想、梦想

美好 / 和平

- 美好、平和、轻松、从容、平等、和谐、秩序和平、心灵相通、灵性

自我实现

- 成就、学习、生产、成长
- 创造、治愈、熟练、专业
- 目标、指导、自觉、自我表达
- 自信、自我信赖

自如地运用非暴力沟通：日常用语

刚接触非暴力沟通（NVC）时间不长的人，经常会很生硬地使用非暴力沟通。初学非暴力沟通时，按此模式练习对沟通很有帮助。这就像是在学习乐器时，先学习音阶一样。当我们学会将感受与需要的能量连接时，就能做到不再生搬硬套非暴力沟通模式，而是自如地表达自己。

表达需要的常用句式

- 因为我看重（一致性）
- 因为（美好的事物）让我鲜活
- 因为我比较推崇做人要有（自律性）
- 因为我需要（沟通）
- 因为我比较向往（能在一个有共同梦想的集体里）
- 因为我觉得（学习）很有趣
- 因为对我来说（能参与进来）很有意义
- 我希望（能够把情绪稳定下来）

- 因为我比较注重（自我表达）
- 因为我想生活在一个（充满关爱和尊重）的世界里
- 因为我有一个梦想/愿景，希望（世界上所有的冲突都能和平解决）
- 因为我需要（被接纳、被认可）

用生活中常用的语言表达需要

爱（AFFECTION）

想感受一下温暖的心，是吗？

认可（APPRECIATION）

你是想让我知道你所做的事情有多重要吗？

真诚（AUTOENTICITY）

你希望自己能言由衷、行随心，是吗？

自主（AUTONOMY）

你想选择你真正想要的，是吗？

庆祝（CELEBRATION）

你想表达你内心有多高兴，是吗？

友谊（COMPANIONSHIP）

你想一起做吗？

能力（COMPETENCE）

你确认自己可以做到，是吗？

一致性（CONSISTENCY）

你需要确认每次是否都能以同样的方式进行，是吗？

贡献（CONTRIBUTION）

你想提供帮助/分享，是吗？

合作（COOPERATION）

大家都想作为一个团队共事，是吗？

创造力（CREAFIVITY）

你想创新，是吗？

效率（EFFECTIVENESS）

你想感受一下成功的喜悦，是吗？

平等（EQUALITY）

你希望所有人都能平等，是吗？

自由（FREEDOM）

你希望由自己来做决定，是吗？

真诚（HONESTY）

你希望你所听到的都是真的，是吗？

认同身份（IDENTITY）

你想知道自己真正想要的是什么，是吗？

归属感（INCLUSION）

你想成为一名参与者，是吗？

哀悼（MOURNING）

你想表达心有多痛，是吗？

相互性（MUTUALITY）

你希望互相分享同样的想法和信念，是吗？

秩序（ORDER）

你想了解身边发生的事情，是吗？

参与（PARTICIPATION）

你想参与进来，是吗？

和平（PEACE）

你想放松一下，是吗？

目的（PURPOSE）

你想做一些重要而有意义的事情，是吗？

从容（RECREATION）

你想过一段没有任何日程安排的日子，是吗？

安全（SECURITY）

你想确认你不会有事，是吗？

刺激（STIMULATION）

你想寻找新颖有趣的事，是吗？

让生活变得边缘化的社会结构 V. S. 让生活丰富多彩的共同体

	让生活变得边缘化的社会结构	让生活丰富多彩的共同体
游戏	谁对 / 谁错 WHO'S RIGHT WHO'S WRONG	让生活变得出色 TO MAKE LIFE WONDERFUL
目标	把不平等的分配视为理所当然来维持那个机制	创造可以考虑大家的需要，让生活变得丰富多彩的结构
评价方法	• 道德主义判断（对 / 错，二分法思维） • 贴标签，指责（你错了，所以必须……做）	价值判断是否对大家的生活有帮助
力量的使用	为了惩罚	为了保护

（续表）

	让生活变得边缘化的社会结构	让生活丰富多彩的共同体
动机和手段 / 方法	• 处罚或补偿 • 罪恶感 • 羞愧心 • 义务感	• 心甘情愿地给予他人快乐 • 心甘情愿地接受他人给予的快乐
安全	• 强迫和服从 • 遵守纪律	连接、同理、尊重、接纳、创意性
结果	暴力和疏远、断绝	贡献彼此生活的共同体

歌曲与诗

论孩子

——纪·哈·纪伯伦

你们的孩子，都不是你们的孩子，

乃是生命为自己所渴望的儿女。

他们是借你们而来，却不是从你们而来；

他们虽和你们同在，却不属于你们。

你们可以给他们爱，却不可以给他们思想。

因为他们有自己的思想。

你们可以荫庇他们的身体，却不能荫蔽他们的灵魂。

因为他们的灵魂，是住在“明日”的宅中，

那是你们在梦中也不能想见的。

你们可以努力去模仿他们，

却不能使他们也像你们。

因为生命是不倒行的，

也不与“昨日”一同停留。

我觉得你很棒

——瑞德·格拉默

“我觉得你很棒。”
当有人这样对我说时，
我会很高兴，会心情激荡。
这也让我想对别人说同样的话，
嘿，我也正想对你说：
“我觉得你很棒！”

如果我们诚心地说出这样的话，
每天都能看到他人的美好，
我们每次都能用一颗心托起整个世界。
这一切都从一句简单的话语开始。

***

当我们每个人的内心都更看重
爱和给予，为我们还活着而感到幸福时，

噢，我们的世界每天都会有新的变化，

只要有人决定说这话。

***

嘿，我也正想对你说“我觉得你很棒”。

I Think You Are Wonderful

—Red Grammar

I think you are wonderful
When somebody says that to me
I feel wonderful, as wonderful can be
It makes me wanna say the same thing to someboby new
And by the way I' ve been meaning to say
I think you' re wonderful too.

If we practice this phrase in the most honest way
And find something special in someone each day
We'll lift up the world one heart at a time.

When each one of us feels important inside
Loving and giving and glod we're alive
Oh what a difference we'll make in each day
And all because someone decided to say...

And by the way I've been meaning to say
I thik you're wonderful too.

有一个地方

——怀尔德·卢西斯

有一个地方你随时都可以去，
跟我一起去吧。
在这个地方，
你可以自由表达自己的感受，
跟我一起去吧。

多么愉悦的旅程，
它并不遥远。
我们可以携手同行，
你只需留在原地。
是时候开始我们的旅程了，
其实那个地方就在你的心里。

有一个地方，
可以让你做自己，

跟我来吧。
在这里,你的灵魂将获得自由,
跟我来吧。

要知道那个地方就在不远处,
静静地等你。
无须预订,
我们今天就可以出发。

是时候开始我们的旅程了,
其实那个地方就在你的心里。

阳光穿透每一扇窗,
每扇门都完全敞开,
每个问题都有答案,

你只需要往里看。

有一个地方，
可以让你放下悲伤，
跟我来吧。
它是希望与真理的源泉，
跟我来吧。

多么愉悦的旅程，
它并不遥远，
我们可以携手同行。
你只需留在原地，
是时候开始我们的旅程了，
其实那个地方就在你的心里。

是时候开始我们的旅程了，

其实那个地方就在你的心里。

There Is a Place

—Wild Roses

There is a place
Where you can always go, come with me
Where it's alright
To let your feelings show, come with me

What a pleasant journey, isn't very far
We can go together, stay right where you are
And now it's time to start
It's right here in your heart

There is a place
Where you can be yourself, come with me
And it's a place
Where you can free yourself, come with me

And you know it's waiting, not so far away
Need no reservation, we can go today
And now it's time to start
It's right here in your heart

And the light shines through each window
And the door is open wide
And each question has an answer
If you only look inside

There is a place
Where every sorrow ends, come with me
Where every hope and every truth begins, come with me

What a pleasant journey, isn't very far

We can go together, stay right where you are

And now it’s time to start

It’s right here in your heart

And now it’s time to start,

It’s right here in your heart

There is a place

邀 请*

我不关心，你为生存做了些什么，
我想知道，你憧憬什么，
是否敢于追求内心的梦想。

我不关心，你的年龄有多大，
我想知道，为了爱、梦想以及活着就该有的冒险，
你是否愿意像傻瓜一样不顾一切。

我不关心，是哪颗行星围绕着你的星辰，
我想知道，你是否曾走入悲伤的境地，
生活的种种背叛，
使你更加坚强，还是愈发消沉。

我想知道，你是否能面对痛苦，无论是我的还是你的，
不再去隐藏、涂抹或修饰。

我想知道，你是否学会享受快乐，无论是我的还是你的，
你是否能充满野性地舞蹈，让你的举手投足洋溢着喜悦，
不再告诫我们要小心、要现实、要牢记做人的禁忌。

我不关心，你告诉我的故事是否真实，
我想知道，你是否能真实地对待自己，即使会让他人失望，
你是否能承受背叛的指责，而不出卖自己的灵魂。
我想知道，你是否能放下执念而收获信赖。

我想知道，你是否能发现美，
即使它并非每天都漂亮，
你是否能从中探寻到自己生命的源头。

我想知道，你是否能坚强地面对失败，
无论是你的还是我的，
都可以站立在湖边对着银色的满月放声大喊：
“是的，那又能怎样！”

我不关心，你在哪里生活或者你拥有多少金钱，
我想知道，在度过一个悲伤、绝望、厌世和痛彻心扉的夜晚后，
你是否还能爬起来，为养育孩子继续做你该做的事。

我不关心，你是谁、是怎么来到这里，

我想知道，你是否愿同我一起站在烈焰的中心，毫不退缩。

我不关心，你在哪里受到教育、学了什么或者同谁一起学习，
我想知道，当一切都背弃了你，是什么支撑你继续前行。

我想知道，你是否能面对孤独，
你是否真正喜欢上那些在你寂寞时陪伴你的朋友。

* 作者Oriah Mountain Dreamer写的诗。韩国NVC中心取得作者同意翻译转载。

非暴力沟通培训课程的主要内容

《非暴力沟通》初级	非暴力沟通基本模式（观察、感受、需要、请求） 诚实地表达自己（Expressing Honestly） 同理（Empathy） 四种选择（4 Ears） 感激（Gratitude）
《非暴力沟通》中级	自我同理 正确表达愤怒（Anger） NVC 地板舞（Dance Floor） 同理（Empathy） 如何倾听“不”（“No”） 内在的需要转换为选择 感激（最想听到的感激话语）
《非暴力沟通》高级	四个维度 如何倾听认可 基于需要提出请求 表达内心的恐惧（Scary Honesty） 从控制关系（Power over/under）到合作关系（Power with） 非暴力沟通咨询 非暴力沟通冲突调解

《非暴力沟通》专题	用非暴力沟通思维生活，强化非暴力沟通在生活中的实践和应用
培训师资格认证	提供更深入地体验、了解非暴力沟通认证培训师的流程

* 以上培训课程会根据实际情况而进行调整。

国际非暴力沟通中心 CNVC，(Center for Nonviolent Communication)

1984 年，马歇尔 · 卢森堡创立了国际非暴力沟通中心，旨在帮助人们学习和分享非暴力沟通（NVC），倡导以和平有效的方式处理沟通问题，帮助解决各种组织和政治环境中出现的冲突。国际非暴力沟通中心尊重每个人的需要，致力建立一个充满包容与理解、乐善好施、用非暴力沟通来化解冲突的世界。国际非暴力沟通中心是培训师认证机构，从事国际强化训练营（IIT）、非暴力沟通培训和非暴力沟通推广和传播等活动。目前，该中心已培养了 300 多名国际认证培训师，他们活跃于全球七十多个国家。国际非暴力沟通中心官方网址是 www.cnvc.org。

反馈非暴力沟通培训调查问卷(Feedback)

课程主题：________________ 授课日期：________________

讲师姓名：________________ 地　　点：________________

该问卷有助于我们收集学员们的学习情况，便于我们日后提供更好的培训内容。

	不是				是
在此次培训中，我学到了将非暴力沟通应用于生活的方法。	1	2	3	4	5
讲师做到了倾囊相授，并示范了非暴力沟通模式。	1	2	3	4	5
讲师的讲解清晰易懂。	1	2	3	4	5
在培训期间，我感到很舒服并与大家建立了连接。	1	2	3	4	5
培训教材将为我理解非暴力沟通模式提供参考。	1	2	3	4	5
授课环境（教室和其他设施）有助于接受培训。	1	2	3	4	5

通过此次培训，您学到了什么（具体的观察，满足的需要）？

对改进培训内容，您有什么好的建议（具体观察，未满足的需要）？

作者介绍

[韩] 凯瑟琳 · 辛格

- 国际非暴力沟通董事会主席
- 国际非暴力沟通首席讲师

凯瑟琳 · 辛格是马歇尔 · 卢森堡博士的得意门生，1970 年移居美国，1997 年开始追随卢森堡博士，深受其信赖，逐渐成为非暴力沟通的著名讲师，在世界各地向国际组织、非营利组织、企业、个人等宣讲非暴力沟通的方式与方法、技巧与理念。其中，许多国际组织包括联合国教科文组织、儿童救助机构等，非营利组织包括韩国赌博问题解决中心、韩国家庭问题法律援助中心，企业包括欧莱雅、日产、三星等。

非暴力沟通强调思考、互相尊重，为家庭、社区、单位以及不同族群之间带来和谐与和平。

图书在版编目（CIP）数据

非暴力沟通教程．中级 /（韩）凯瑟琳·辛格著；崔圣花译．-- 北京：中国青年出版社，2020.8
ISBN 978-7-5153-6138-3
I. ①非… II. ①凯… ②崔… III. ①心理交往—教材 IV. ① C912.11
中国版本图书馆 CIP 数据核字 (2020) 第 184188 号

北京市版权局著作权登记号：01-2020-6690

非暴力沟通教程·中级

作　　者：[韩] 凯瑟琳·辛格
译　　者：崔圣花
审　　订：刘　轶
责任编辑：吕　娜

出版发行：中国青年出版社
经　　销：新华书店
印　　刷：三河市万龙印装有限公司
开　　本：787×1092 1/32 开
版　　次：2021 年 1 月北京第 1 版　2021 年 1 月河北第 1 次印刷
印　　张：7.25
字　　数：180 千字
定　　价：69.00 元
中国青年出版社 网址：www.cyp.com.cn
地址：北京市东城区东四 12 条 21 号
电话：010-65050585